Из глубины моего сердца
Сборник молитв из трудов Рабаша
Bnei Baruch – Kabbalah La'am Association, 2025 – 96 с.
Напечатано в Израиле.

ISBN 978-965-7833-32-2

Мы читаем статьи великого каббалиста Рабаша на наших ежедневных занятиях. То, как его живые молитвы затронули наши сердца и вырывались из наших уст, не оставило нас равнодушными. Мы собрали некоторые из этих молитв и решили поделиться с вами этим сокровищем.

Как, когда возносится молитва из глубины сердца? При коснитесь к молитвам Рабаша, оживите свое сердце для молитвы к Творцу.

 https://kabacademy.com

© 2025 by Bnei Baruch – Kabbalah La'am Association.
All rights reserved.

ИЗ ГЛУБИНЫ МОЕГО СЕРДЦА

Сборник молитв из трудов Рабаша

«Господи, открой уста мои,
и язык мой возвестит хвалу Тебе»

(ПСАЛОМ 51:17)

И МЫ — МОЛИТВА

Уже более года на наших ежедневных занятиях каббалы мы читаем статьи Рабаша, каббалиста Баруха Шалома а-Леви Ашлага. Мы не могли не отметить вдохновляющие и трогательные слова молитвы, содержащиеся в этих статьях, выраженные теплыми, откровенными и пронзительными словами, наполненными хисароном и написанными от первого лица. То, как живые молитвы Рабаша затронули наши сердца и вырывались из наших уст, не оставило нас равнодушными. Мы собрали некоторые из этих молитв и решили поделиться с вами этим сокровищем.

Наш учитель Михаэль Лайтман, душа которого связана с душой его учителя Рабаша, учит нас, что главной заботой человека должно быть слияние с Творцом. Забота о том, чтобы не было разделения между человеком и Высшей Силой, чтобы он находился с ней в прямой и постоянной связи через молитву из глубины сердца. А сердце — это желание человека.

Наше желание противоположно желанию Творца. Его желание — отдавать, любить.

Наше желание — получать, и мы вращаемся вокруг оси любви к себе.

Когда человек полностью отменяет себя, вкладывает все свои силы в то, чтобы сделать свое желание подобным желанию Творца, подняться над своим злым началом и быть устремленным к небесам, к отдаче Творцу, тогда он видит, что это невозможно, и у него возникает молитва из глубины сердца.

Молитва из глубины сердца возносится тогда, когда человек видит, насколько он противоположен тому, чего ожидает от него Творец, ему становится от этого плохо и он очень сожалеет. Он видит, как велико его злое начало, сознает, что против него ему необходимо великое исправление, и из этого он приходит к разбиению сердца и разрывается в молитве, в совершенном хисароне, взывая к Творцу, чтобы Он спас его и приблизил к Себе.

На самом деле нам не хватает только желания быть в связи с Творцом, уподобиться Ему и слиться с Ним.

Чтение сборника молитв Рабаша способно пробудить это желание в каждом сердце.

С любовью,
ваши товарищи.

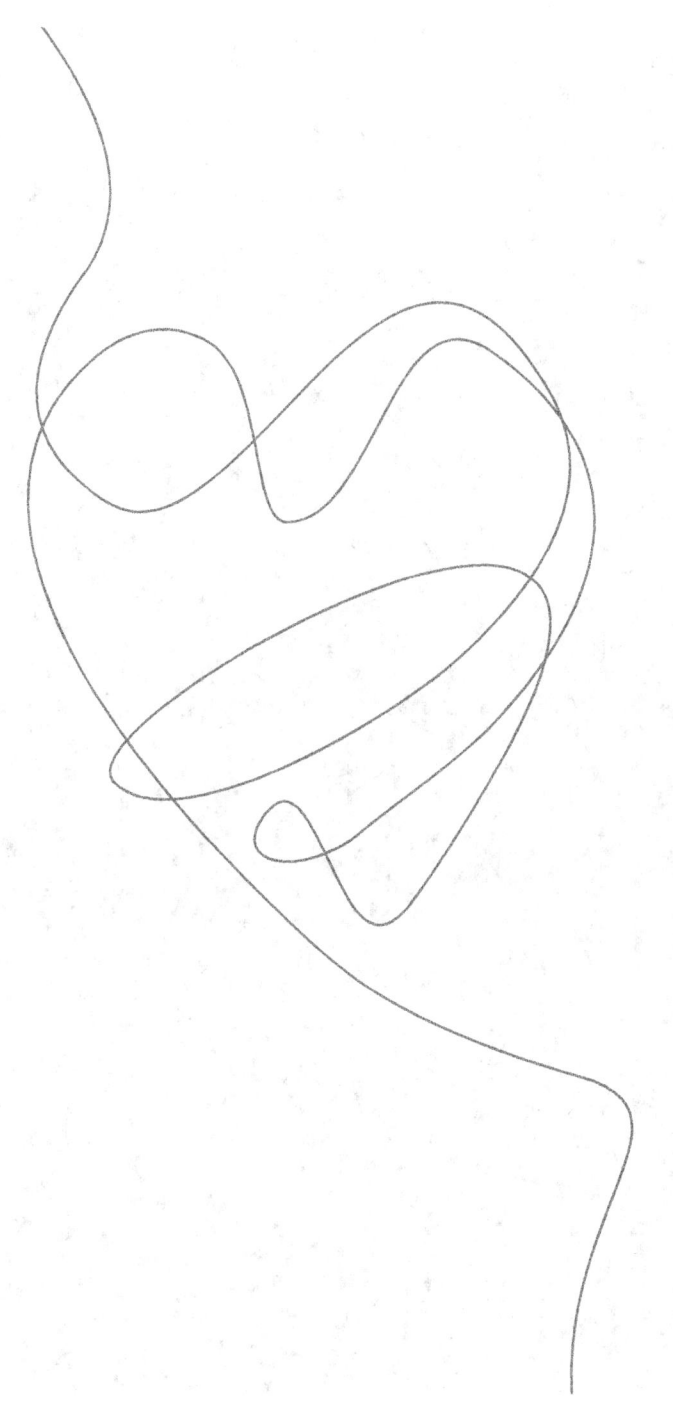

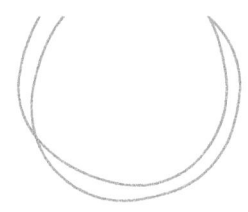

ЧАСТЬ 1

ТОЛЬКО ТЫ МОЖЕШЬ

ТОЛЬКО ТЫ МОЖЕШЬ СПАСТИ МЕНЯ

Ты обязан помочь мне,
ведь я хуже всех,
так как чувствую,
что желание получать управляет моим сердцем,
и поэтому ничего из святости
не может проникнуть в сердце.
Мне не нужны никакие излишества,
а только бы я мог сделать
хоть что-то ради Творца,
но у меня нет никакой возможности.
Поэтому только Ты можешь меня спасти.

(СТАТЬЯ «ЧТО ОЗНАЧАЕТ: „ВЕРНИСЬ, ИСРАЭЛЬ, ДО ТВОРЦА ТВОЕГО ВСЕСИЛЬНОГО"
В ДУХОВНОЙ РАБОТЕ»)

ДОКОЛЕ?

«Помилуй меня, Творец,
потому что несчастен я,
излечи меня, Творец,
потому что содрогаются кости мои.
И Ты, Творец, доколе?»

То есть, доколе я останусь в состоянии,
когда я чувствую себя хуже всех людей,
и нет у меня никакого ощущения духовности.

(СТАТЬЯ «ПРАВЕДНИКИ РАЗЛИЧАЮТСЯ ЧЕРЕЗ ГРЕШНИКОВ»)

ПОМИЛУЙ МЕНЯ

Хотя я и знаю свою низость,
что я гораздо хуже, чем остальные люди,
однако все остальные люди
могут преодолеть свое зло,
они не так уж нуждаются в Твоей помощи,
тогда как сам я — у меня нет никакой силы
и никакого разума,
поэтому сжалься надо мной.

(СТАТЬЯ «ЧТО ДОЛЖЕН ДЕЛАТЬ ЧЕЛОВЕК, ЕСЛИ ОН РОДИЛСЯ С НЕХОРОШИМИ СВОЙСТВАМИ»)

ДАЙ МНЕ СВЕТ ТОРЫ

Ведь сказали мудрецы:
«Я создал злое начало
и создал Тору в приправу».

В таком случае то, что я прошу у Тебя,
даровать мне свет Торы, вызвано не тем,
что я нуждаюсь в большом состоянии*.

Поэтому «да не возгорится гнев Твой
на раба Твоего», поскольку весь свет Торы,
который я прошу, это не роскошь,
а необходимость.

(СТАТЬЯ «И ПОДОШЕЛ К НЕМУ ЙЕГУДА — 1»)

---

* *(ивр.: гадлут мохин)*

ПОМОГАЙ МНЕ ВСЕГДА, ПОКУДА ДУША ВО МНЕ

Властелин мира, помоги мне сейчас,
потому что сейчас у меня
все еще есть силы молиться Тебе.

Но я не могу знать, что будет потом.
Может даже и не будет того, кто обратится
к Тебе за помощью.

Властелин Мира, помогай мне всегда,
покуда душа во мне, потому что я боюсь,
что потом я, возможно, умру,
и я упаду в место разобщения и отчаяния,
где нет никакой веры в Творца,
даже в самой малой степени,
когда можно молиться Творцу.

(СТАТЬЯ «ЧТО ТАКОЕ „ТОТ, КТО НЕ ТРУДИЛСЯ В КАНУН СУББОТЫ,
ЧТО БУДЕТ ЕСТЬ В СУББОТУ" В РАБОТЕ»)

ИЗ ГЛУБИН ВОЗЗВАЛ Я К ТЕБЕ

Теперь я могу сказать в полный голос: «Песнь восхождений. Из глубин воззвал я к Тебе, Творец».

Ибо невозможно быть еще глубже в земле, чем я нахожусь.

(СТАТЬЯ «ЧТО ТАКОЕ „ТРАПЕЗА ЖЕНИХА"»)

ДАЙ МНЕ ТЕПЕРЬ ВТОРУЮ ПРИРОДУ

Я вижу, что я далек от Тебя по причине
различия по форме, которое есть у меня из-за
эгоистической любви, являющейся главным
врагом, находящимся в моем сердце, и оно-то
и есть причина всех моих плохих состояний, —
все это происходит оттого,
что Ты создал меня так. […]

Я не способен изменить ту природу, с которой
Ты создал меня, но я хочу от Тебя чтобы,
как Ты создал меня с эгоистической любовью,
Ты дал бы мне теперь вторую природу,
как Ты дал мне первую, то есть желание отдавать.

Ибо я не способен воевать против природы,
которую Ты заложил во мне.

(СТАТЬЯ «ТРИ МОЛИТВЫ — 1»)

МНЕ НЕ КОГО БОЛЬШЕ ПРОСИТЬ О ПОМОЩИ, КРОМЕ ТЕБЯ

Властелин мира!
Если Ты не поможешь мне,
никто не сможет помочь нам.

Ведь мы уже были у всех крупных врачей,
являющихся Твоими посланцами,
и никто не смог помочь мне.

И мне не у кого больше просить о помощи,
кроме Тебя!

(СТАТЬЯ «РАЗНИЦА МЕЖДУ МИЛОСТЬЮ ИСТИННОЙ И НЕИСТИННОЙ»)

ПРЕЖНИЕ ДНИ БЫЛИ ЛУЧШЕ ЭТИХ

Поскольку я, действительно, нахожусь в самом
плохом состоянии из всего мира из-за того,
что хотя, возможно, есть люди, которые
стоя́т ниже меня, как в Торе, так и в работе,
но они не ощущают истину так,
как я вижу свое состояние.

Поэтому у них пока еще нет такого хисарона,
как есть у меня. Поэтому они не настолько
нуждаются в том, чтобы Ты помог им.
Но я вижу свое истинное состояние:
что у меня нет никакой связи с духовным,
после всей той работы, которую я вложил,
как по времени, так и по усилиям.
И все же я вижу сегодня,
«что прежние дни были лучше этих».

И, насколько я стараюсь идти вперед,
я чувствую, что я иду назад.

(СТАТЬЯ «ТРИ МОЛИТВЫ — 1»)

ПРЕОДОЛЕТЬ ТЕБЯ

Хотя ты (тело) и не даешь мне преодолеть,
я именно поэтому и хочу тебя пересилить,
насколько я могу,
поэтому я прошу помощи Творца,
чтобы я смог преодолеть тебя.
И, конечно, сейчас и есть та самая важная
возможность, благодаря которой
я смогу удостоиться войти в святость
и совершать все ради отдачи.

(СТАТЬЯ «ЧТО ТАКОЕ „ЧИСТОТА ПЕПЛА КОРОВЫ" В ДУХОВНОЙ РАБОТЕ»)

ЕСЛИ ТЫ НЕ ПОМОЖЕШЬ МНЕ, Я ПРОПАЛ

Сейчас я достиг состояния, когда я вижу,
что если Ты не поможешь мне, я пропал,
и невозможно, чтобы когда-нибудь у меня
были силы преодолеть желание получать,
которое является моей природой.
И только Творец может дать другую природу.

(СТАТЬЯ «ЧТО ТАКОЕ „ТОРА" И ЧТО ТАКОЕ „ЗАКОН ТОРЫ"
В ДУХОВНОЙ РАБОТЕ»)

ИЗ ТЕСНИН ВОЗЗВАЛ Я К ТЕБЕ

Даже молиться Тебе, чтобы Ты спас меня, даже на это я не способен.

Поэтому только Ты можешь спасти меня.

(СТАТЬЯ «ЧТО ТАКОЕ „ТРАПЕЗА ЖЕНИХА"»)

ПОТЕРЯННЫЙ *

Владыка мира, если Ты не поможешь мне,
я не вижу никакого иного совета,
который бы помог мне
выйти из себялюбия
и удостоиться сил отдачи и веры.

(ПИСЬМО 9)

---

* *(букв.: «лишенный совета»)*

ИСТИННЫЙ ДОВОД

Мне Ты должен помочь более других,
ведь другие не нуждаются так уж сильно
в Твоей помощи, так как они способнее меня
и не так сильно погружены в эгоистическую
любовь, как я. И они более дисциплинированы,
чем я. И я вижу, что я больше нуждаюсь
в Твоей помощи, чем остальные люди,
ведь я сам чувствую свою низость, насколько
я дальше от Тебя в большей степени, чем все.
И я пришел к ощущению, как сказано:
«А кроме Тебя нет у нас царя,
избавителя и спасителя».

(СТАТЬЯ «БЛИЗОК ТВОРЕЦ КО ВСЕМ ПРИЗЫВАЮЩИМ ЕГО»)

ХОЧУ БЫТЬ СЧАСТЛИВЫМ В [ЭТОМ] МИРЕ

Я приношу Тебе огромную благодарность за то, что Ты дал мне желание и стремление
сделать что-то, наслаждающее Тебя.

И это все мое вознаграждение в жизни —
что я удостоился служить Тебе.

И я прошу, чтобы Ты дал мне вознаграждение тем, что дашь мне еще желание и стремление, чтобы у меня не было никаких посторонних мыслей о том, чтобы сделать что-либо ради себя.

А все мое желание и стремление будет
только лишь работать ради небес.

И я думаю, что нет ничего важнее в мире, чего человек может надеяться удостоиться в своей жизни, чтобы быть счастливым в [этом] мире. Ведь весь мир трудится ради богатства, и все хотят достичь этого.

Однако они не знают, что такое счастье!
Однако все равны в том,
что хотят быть счастливыми.
А я, на самом деле, знаю,
что значит быть счастливым.

То есть когда человек удостаивается
служить Царю, и думать не о собственной
выгоде, а о выгоде Царя,
такой человек — самый счастливый в мире.

А откуда я это знаю?
Потому что я так чувствую.
Итак, какого же вознаграждения я желаю?
Только лишь этого!
Поэтому он говорит,
чтобы Творец удостоил его
преумножать деяния ради небес.

(СТАТЬЯ «РАЗНИЦА МЕЖДУ МИЛОСТЬЮ ИСТИННОЙ И НЕИСТИННОЙ»)

ДАЙ МНЕ НОВОЕ КЛИ

Властелин мира!
Как дал Ты мне кли с начала моего сотворения
в этом мире, которое [умеет] только лишь
получать для собственной выгоды,
я прошу Тебя,
дай мне сейчас новое кли, то есть
чтобы у меня было желание только лишь
доставлять Тебе наслаждение.

(СТАТЬЯ «ЧТО ТАКОЕ ГЛАВНЫЙ ХИСАРОН, О КОТОРОМ НУЖНО МОЛИТЬСЯ»)

Я ЖЕЛАЮ ИСПОЛНИТЬ ТВОЕ ЖЕЛАНИЕ

Я хочу получить сейчас наслаждение,
ведь Твое желание — насладить Свои создания.

Поэтому я желаю исполнить Твое
желание — то, что Ты хочешь дать нам.

(СТАТЬЯ «ЧТО ТАКОЕ ПРОКЛЯТИЕ И БЛАГОСЛОВЕНИЕ В РАБОТЕ»)

ДЛЯ МЕНЯ ВЕЛИКАЯ ЧЕСТЬ СЛУЖИТЬ ТЕБЕ

Я не хочу никакого вознаграждения за службу, потому что я наслаждаюсь одной своей службой, и не нужно мне никакой оплаты.

Потому что все,
что Ты дашь мне за то, что я служу Тебе,
я чувствую, что это навредит моей службе.

Я же хочу только лишь службу.
И не давай мне никакого вознаграждения.
В этом и состоит мое наслаждение.

Ведь для меня великая честь —
то, что я удостоился служить Царю.

(СТАТЬЯ «РАЗНИЦА МЕЖДУ ЛИШМА И ЛО-ЛИШМА»)

ДАЙ МНЕ БЛАГО И НАСЛАЖДЕНИЕ

Дай мне благо и наслаждение!

И я желаю этого не для того,
чтобы насладить себя,
а я желаю насладить себя из-за того,
что у Тебя есть наслаждение оттого,
что наслаждаемся мы.

И только с этим намерением я прошу Тебя,
чтоб Ты дал мне благо и наслаждение.
То есть во мне нет никакого желания ради
собственной выгоды, а все,
что я думаю и делаю, — все это для того,
чтобы доставить радость Тебе.

(СТАТЬЯ «РАЗНИЦА МЕЖДУ МИЛОСТЬЮ ИСТИННОЙ И НЕИСТИННОЙ»)

НАДЕЮСЬ НА ТЕБЯ

«А я всегда надеяться буду»,
то есть что смогу представить себе реальность,
которая важнее, чем то, что я способен
представить себе сейчас, но как бы то ни было:
«И умножать буду всякую хвалу Тебе».

Получается, что хотя сейчас, за настоящее,
я и восхваляю Тебя, но благодаря тому,
что я «всегда надеюсь», что смогу достичь
большего понимания Твоей важности,
он сможет умножить хвалу еще больше.

(СТАТЬЯ «А Я ВСЕГДА НАДЕЯТЬСЯ БУДУ»)

ДАЙ МНЕ СИЛЫ СМИРИТЬСЯ

Я хочу отмениться и смириться без условий.

Но дай мне силы, чтобы я действительно смог выйти из эгоистической любви и любить Творца «всем сердцем своим».

(СТАТЬЯ «ЧТО ТАКОЕ „ПОТОП ВОД" В РАБОТЕ»)

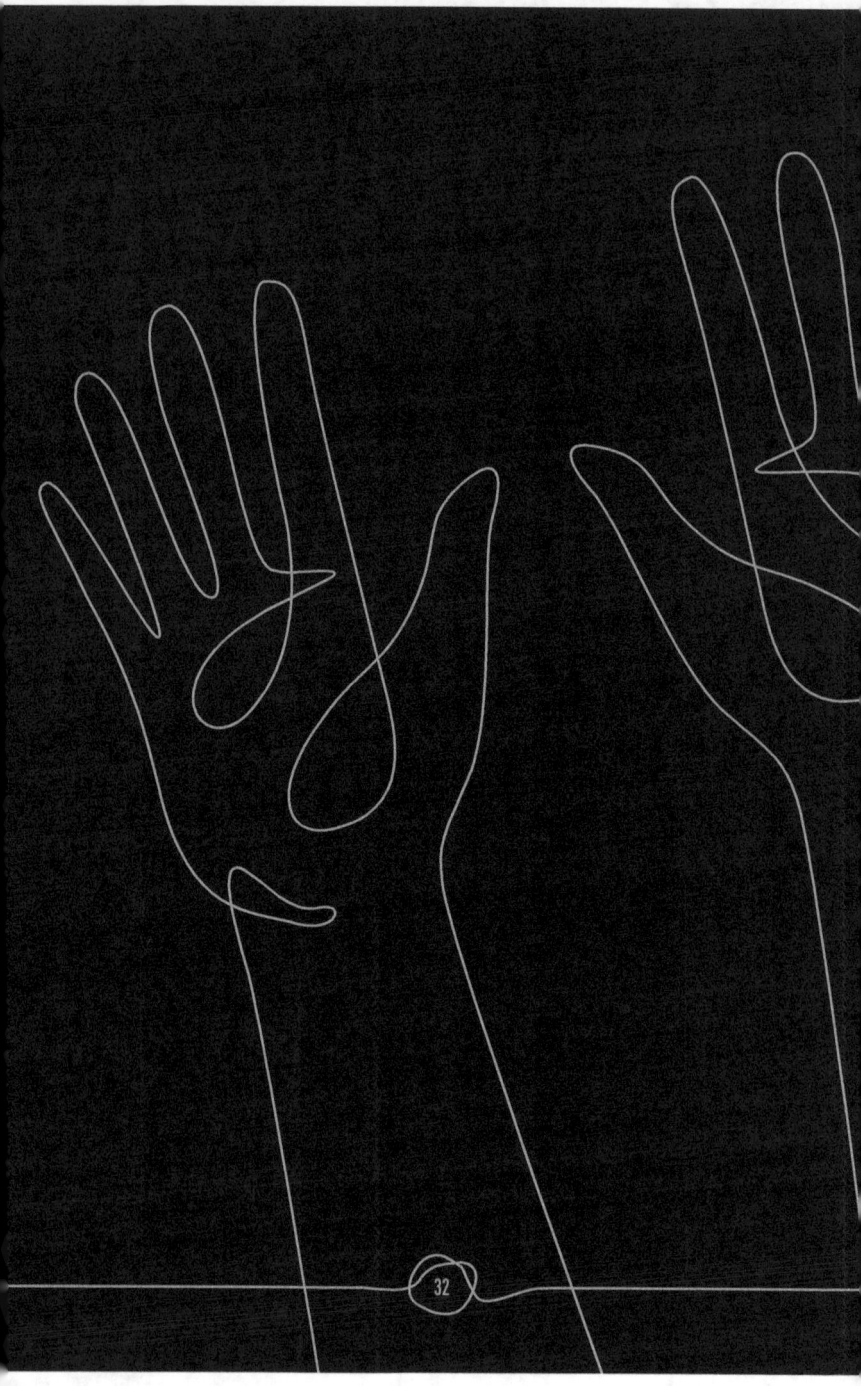

ЧАСТЬ 2

ПОДНИМАЮ РУКИ

СТОЮ И ПРОШУ ТЕБЯ

Я должен стоять и просить Творца помочь мне, так как я хуже всех остальных.

(СТАТЬЯ «ЧТО ОЗНАЧАЕТ: „НЕ САЖАЙ СЕБЕ АШЕРУ РЯДОМ С ЖЕРТВЕННИКОМ" В ДУХОВНОЙ РАБОТЕ»)

ТВОРЕЦ, НЕСОМНЕННО, ЗНАЕТ, ЧТО́ ХОРОШО ДЛЯ МЕНЯ

Какая мне разница, каким образом я отдаю Творцу? Ведь я хочу, чтобы Творец приблизил меня к Себе. И Творец, несомненно, знает, когда придет мое время, чтобы и я тоже почувствовал, что Творец приблизил меня.

А пока я верю, что Творец, без сомнения, знает, что́ хорошо мне. Поэтому Он дает мне пережить те ощущения, которые я ощущаю.

Но почему Творец хочет вести меня таким путем? То есть я должен твердо верить, что Он ведет Себя со мной, как добрый и творящий добро. А мне, если я верю в это, — Он даст мне знак: сколько радости есть у меня, и насколько я способен воздавать Ему за это благодарность, и насколько я способен благодарить и восхвалять имя Его.

(СТАТЬЯ «ПО ПОВОДУ ИСТИНЫ И ВЕРЫ»)

ПОЗВОЛЬ МНЕ ДЕЛАТЬ РАДИ ТЕБЯ

Раз я хочу служить Творцу, и раз я не могу, поскольку желание получать, заключенное внутри меня, не позволяет этого, благодаря действиям, которые я собираюсь совершить, Творец даст мне истинное желание доставить наслаждение Творцу, и я верю в мудрецов, сказавших: «Хотел Творец очистить Исраэль, поэтому умножил им Тору и заповеди».

(СТАТЬЯ «ЧТО ТАКОЕ ГРЯЗНЫЕ РУКИ В ДУХОВНОЙ РАБОТЕ»)

НАСЛАЖДЕНИЕ ДЛЯ ТЕБЯ

Я желаю,
когда я занимаюсь Торой и заповедями,
чтобы намерение было в том, [...] что
у Творца есть наслаждение от моих действий.

(СТАТЬЯ «ЧТО ОЗНАЧАЕТ „КАЖДЫЙ СКОРБЯЩИЙ О ИЕРУСАЛИМЕ УДОСТАИВАЕТСЯ И ВИДИТ ЕГО В РАДОСТИ" В ДУХОВНОЙ РАБОТЕ»)

НЕДОСТАЕТ МНЕ ПОТРЕБНОСТИ (ХИСАРОНА)

Я иду сейчас просить у Творца,
чтобы Он помог мне идти моей дорогой,
которую я выбрал сейчас, сказав,
что только этот путь — прямой. [...]

И в чем же состоит мой недостаток?
В том, что я вижу,
что разведчики не дают мне покоя,
а я не хочу идти их путем.

Но когда я вижу, что все мои мысли и желания
направлены лишь на собственную выгоду,
а чтобы я смог сделать что-либо ради небес,
я вижу, что я не в состоянии.

Получается, чего недостает мне сейчас,
и об этом надо просить у Творца?
Чтобы Он дал мне только «кли» — сосуд,
называемый «желание».

Другими словами, мне не хватает хисарона,
то есть желания, чтобы я хотел служить Царю.
И чтобы это было
всем моим стремлением и желанием,
и не беспокоиться об остальных вещах,
которые не касаются работы Творца.

(СТАТЬЯ «ЧТО ОЗНАЧАЕТ В МОЛИТВЕ „ВЫПРЯМИТЬ НОГИ И ПОКРЫТЬ ГОЛОВУ"»)

ДАЙ МНЕ СИЛУ ИСПРАВИТЬ

Я хочу, чтобы у меня были силы
для самокритики,
чтобы на самом деле увидеть,
что мне нужно исправить.

(СТАТЬЯ «ЧТО ЗНАЧИТ, ЧТО МОЛЯЩИЙСЯ ДОЛЖЕН КАК СЛЕДУЕТ ОБЪЯСНЯТЬ СВОИ СЛОВА»)

БЕЗ ВСЯКИХ ПРЕДВАРИТЕЛЬНЫХ УСЛОВИЙ

То, что я нахожусь сейчас в самом низу,
означает, что свыше меня специально сбросили,
чтобы я узнал, действительно ли я хочу
делать святую работу ради отдачи
или я хочу быть работником Творца,
потому что это удовлетворяет меня больше,
чем все остальное.

(СТАТЬЯ «ВЫ ВСЕ СТОИТЕ СЕГОДНЯ»)

ОН ЗНАЕТ, ЧТО́ ХОРОШО ДЛЯ МЕНЯ

Творец является правителем.
И Он знает, что́ хорошо для меня, и что
не хорошо для меня. Поэтому Он хочет,
чтобы я почувствовал мое состояние,
как я его чувствую.

А самому мне не важно, как я чувствую себя,
потому что я хочу делать работу ради отдачи.

В таком случае главное —
что я должен работать ради небес.
И хоть я и чувствую, что в моей работе
нет никакого совершенства, тем не менее,
в келим высшего, то есть со стороны высшего,
я абсолютно совершенен, как сказано:
«Не будет отвержен от Него отверженный».

Поэтому я доволен своей работой —
что мне предоставлена честь служить Царю,
пусть даже и на самой низкой ступени.

Но даже и это зачтется мне как большая честь,
ведь Творец дал мне приблизиться к Нему
хоть в чем-то.

(СТАТЬЯ 3 (1985) «ПО ПОВОДУ ИСТИНЫ И ВЕРЫ»)

Я ВЕРЮ, ЧТО ТВОРЕЦ УСЛЫШАЛ МОЮ МОЛИТВУ

Я делаю свое, то есть то, что, как я понимаю,
будет мне во благо, и я понимаю и верю,
что Творец, без сомнения,
знает лучше мое состояние.
И я согласен идти и заниматься Торой и
заповедями, как будто Творец помог мне
согласно тому, как я понимаю, что Он должен
ответить мне на мою молитву.

И хотя я вижу, что на то, что я просил,
Он не дал мне никакого ответа,
тем не менее я верю, что Творец услышал мою
молитву и отвечает мне согласно тому,
что хорошо для меня.

И поэтому я всегда должен молиться,
чтобы Творец помогал мне согласно тому,
как я понимаю, а Творец помогает мне
согласно тому, как Он понимает,
что хорошо для меня.

(СТАТЬЯ «ПО ПОВОДУ УВЕРЕННОСТИ»)

Я ВСЕ БОЛЕЕ ПОГРУЖЕН В ЖЕЛАНИЕ ПОЛУЧАТЬ ДЛЯ СЕБЯ

Даже если приложил много усилий,
чтобы удостоиться желания отдавать,
то есть все, что было в моих силах сделал,
но не нашел в себе желания отдавать.
И остался с желанием получать для себя —
еще более изощренным, чем было в начале
работы ради обретения желания отдавать,
что является желанием Творца, то есть
Его желанием является только желание отдавать.

И я видел в начале своих усилий,
что каждый раз был все более погружен
в желание получать для себя.

И тогда я пришел к решению, что верно то,
что я прилагал усилия, но не нашел.
Однако Творец помог мне в том,
что я нашел в себе желание отдавать.

(СТАТЬЯ «ЧТО ОЗНАЧАЕТ, ЧТО ИСРАЭЛЬ ИСПОЛНЯЕТ ЖЕЛАНИЕ ТВОРЦА, В ДУХОВНОЙ РАБОТЕ»)

Я УВЕРЕН В ТЕБЕ

Сейчас я занимаюсь Торой и молитвой,
и я уверен, что Творец поможет мне,
как помогал Он всем работникам Творца,
которые хотели идти правильным путем,
ведущим к цели, ради которой он создан.

(СТАТЬЯ «ВО ВСЕМ СЛЕДУЕТ РАЗЛИЧАТЬ СВЕТ И КЛИ»)

ГОТОВ РАБОТАТЬ ВСЕМИ СВОИМИ СИЛАМИ

Я хочу быть работником Творца,
даже если у меня нет никакого понятия в работе,
и у меня нет никакого вкуса в работе,
и все-таки я готов работать изо всех сил,
как если бы у меня было постижение,
и ощущение, и вкус в работе,
и я готов работать без всяких условий.

(СТАТЬЯ «ЧТО ОЗНАЧАЕТ, ЧТО „ЧЕЛОВЕК ДОЛЖЕН РОДИТЬ СЫНА И ДОЧЬ",
В ДУХОВНОЙ РАБОТЕ»)

ХОЧУ ДОСТАВИТЬ ТЕБЕ НАСЛАЖДЕНИЕ

Мне не нужна никакая выгода,
я хочу только доставить удовольствие Высшему,
и мне не важно, что я чувствую.

(СТАТЬЯ «ПРОТИВОРЕЧИЕ СТАРЦЕВ — СОЗИДАНИЕ, СОЗИДАНИЕ МОЛОДЫХ — ПРОТИВОРЕЧИЕ»)

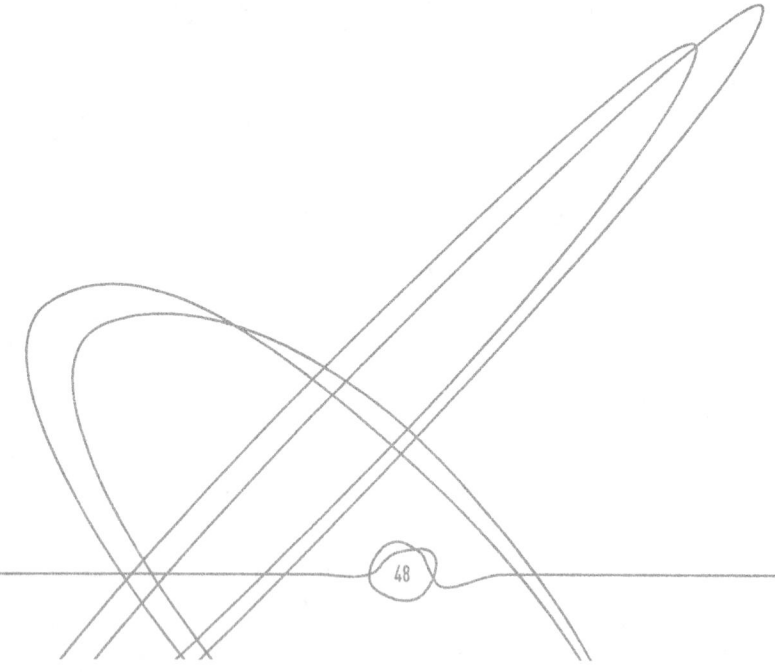

Я ВЕРЮ, ЧТО ТВОРЕЦ БУДЕТ ЭТИМ НАСЛАЖДАТЬСЯ

Для меня не важно, что я чувствую,
когда занимаюсь Торой и заповедями,
поскольку все мои мысли направлены
на благо Творца.
Поэтому я делаю то, что возложено на меня,
и я верю, что Творец насладиться этим.

(СТАТЬЯ «ЧТО ОЗНАЧАЕТ, ЧТО СУДЬЯ ДОЛЖЕН СУДИТЬ АБСОЛЮТНО ИСТИННЫМ СУДОМ, В ДУХОВНОЙ РАБОТЕ»)

ПОМОГИ МНЕ, ИНАЧЕ Я ПРОПАДУ

Я доволен, что вижу истину,
что я далек от истинной работы,
поэтому теперь у меня есть возможность
от всего сердца попросить Творца помочь мне,
иначе я пропаду, потому что вижу,
что нет у меня никаких сил преодолеть
и выйти из-под власти желания получать.

(СТАТЬЯ «ЧТО ОЗНАЧАЕТ, ЧТО СУДЬЯ ДОЛЖЕН СУДИТЬ АБСОЛЮТНО ИСТИННЫМ СУДОМ, В ДУХОВНОЙ РАБОТЕ»)

ЧЕМ Я ВИНОВАТ, ЧТО ОН СОЗДАЛ МЕНЯ ТАКИМ?

Чем я виноват, что Он создал меня
из разбитых келим, и из-за этого во мне
есть все дурные страсти и плохие мысли?
И все это появляется у меня только оттого,
что я происхожу от разбиения келим, а это
было первое место, где захотели привлечь
высшее благо в получающие келим
с намерением ради получения,
а вовсе не с намерением на отдачу.

И поэтому во мне установилась эгоистическая
любовь, и из-за этого я далек от любой духовности,
и нет у меня никакой доли в святости,
ибо ее основа — только келим,
у которых есть намерение на отдачу.

Получается, что все, из-за чего я страдаю,
оттого, что у меня меня нет никакого подхода
к святости.

[СТАТЬЯ «ТРИ МОЛИТВЫ — 1»]

С СЕГОДНЯШНЕГО ДНЯ И ДАЛЕЕ Я БУДУ ИДТИ ВПЕРЕД

Я не знал, до какой степени погружен в суету
времен и пустые вещи.
И упускал из виду, что нужно быть достойным.

Поется в песне: «Восславится во мне, ибо
желает меня» — и я тоже должен думать так,
потому что у всех сыновей Израиля
«есть доля в будущем мире»,
то есть как сказано: «Остановился и укрыл
для будущих праведников».

И теперь, когда я далек от всего этого,
нельзя отчаиваться,
но надо лишь быть уверенным в Творце,
«ибо Ты слышишь молитвы всех уст»,
то есть «всех» — это многих.

И даже если уста мои говорят не совсем то,
что следует — конечно же, тринадцать свойств
милосердия пробудятся и на меня.

С сегодняшнего дня и далее
я надеюсь, что буду идти вперед, хотя
не раз уже говорил так, а в итоге по-прежнему
оставался в своей низости.

(ПИСЬМО 28)

МОЛЮСЬ, ЧТОБЫ ТЫ УСЛЫШАЛ МОЮ МОЛИТВУ

О намерении,
которое надо направить на благо небес,
я вообще не думал
и полагался на свою работу, как все общество,
которое думает только о действиях,
а не о намерениях,
у меня был вкус в работе и вкус в молитве.

И я знал, что я молюсь сейчас Творцу,
и Он слышит мою молитву.
И у меня была сила продолжать молитву.
И я никогда не смотрел, когда я молюсь,
слышит ли Творец мою молитву.

То есть у меня не было никакой критики моих действий, и я шел в совершенстве, уверенности, что конечно же все в порядке.

А сейчас, когда я должен был бы подняться
по ступеням святости, ведь я хочу служить ради
небес, чтобы прийти к приближению к Творцу,
а что есть у меня сейчас — только отдаление
в том месте, где я должен был получить
приближение.

А истина состоит в том,
что мы должны верить верой мудрецов
и не идти согласно разуму.

(СТАТЬЯ «ЧТО ОЗНАЧАЕТ: „ШХИНА СВИДЕТЕЛЬСТВУЕТ ОБ ИСРАЭЛЕ"
В ДУХОВНОЙ РАБОТЕ»)

ПОДНИМИ МЕНЯ ИЗ НИЗОСТИ

То, что я не впечатляюсь оттого,
что я подобен животному и совершаю только животные действия,
и все мои заботы в этом состоянии —
только просить Творца,
чтобы Он дал мне почувствовать бо́льший вкус в материальных наслаждениях.
А кроме этого,
я не чувствую никакого недостатка.

(СТАТЬЯ «СУТЬ СТРОГОСТИ ЗАПРЕТА ОБУЧАТЬ ТОРЕ ИДОЛОПОКЛОННИКОВ»)

БЕЗУСЛОВНОЕ СМИРЕНИЕ

Поскольку я работаю только для того,
чтобы Творец наслаждался, какая разница,
чувствую я в этом вкус или нет?

Если бы я работал ради собственной выгоды,
ты был бы прав в том, что ты говоришь мне:
«Ты не ощущаешь никакого вкуса, —
и почему же ты работаешь?»
Подобно еде — если человек
не наслаждается ею, он ее не ест.

Но я работаю ради пользы Творца.
В таком случае какая разница,
какой вкус я ощущаю?

(СТАТЬЯ «ЧТО ОЗНАЧАЕТ „КАЖДЫЙ СКОРБЯЩИЙ О ИЕРУСАЛИМЕ УДОСТАИВАЕТСЯ
И ВИДИТ ЕГО В РАДОСТИ" В ДУХОВНОЙ РАБОТЕ»)

БЕЗ ВСЯКИХ УСЛОВИЙ

Я хочу служить Тебе без всяких условий,
даже если я не почувствую Твоего величия,
я хочу верить,
что Ты велик и сто́ит работать для Тебя.

(СТАТЬЯ «ЧТО ТАКОЕ СВОЙСТВО РАЗВЕДЧИКОВ В ДУХОВНОЙ РАБОТЕ»)

КРОМЕ МОЛИТВЫ НЕЧЕГО ДАТЬ

Смотрю я на крохотную точку,
которая зовется любовью к ближнему.
И размышляю над ней: что же могу я сделать
для того, чтобы насладить остальных?

И когда смотрю я на всех вместе,
то вижу муки, болезни, боли и страдания
каждого человека из общества
и войны между народами.

Но кроме молитвы мне им нечего дать.

(СТАТЬЯ «ЛЮБОВЬ К БЛИЖНЕМУ»)

СРЕДЬ НАРОДА СВОЕГО ЖИВУ Я

Я прошу за все общество,
потому что я хочу прийти к состоянию,
когда я не буду заботиться ни о чем для себя,
а [буду заботиться] лишь о том,
чтобы было наслаждение у Творца.

(СТАТЬЯ «МОЛИТВА МНОГИХ»)

УВЕРЕН В ТЕБЕ

Творец обязательно поможет мне теперь, потому что сейчас я пришел к осознанию истины, что без помощи Творца — совершенно невозможно.

(СТАТЬЯ «ЧТО ТАКОЕ „НЕ ИМЕЮЩИЙ СЫНОВЕЙ" В ДУХОВНОЙ РАБОТЕ»)

НАДЕЖДА

Нет сомнения, что Творец поможет мне и примет мою молитву.

(СТАТЬЯ «ВНИМАЙТЕ, НЕБЕСА»)

ЧАСТЬ 3

БЕЗ ТЕБЯ МЫ ПРОПАЛИ

ЕСЛИ ТЫ НЕ ПОМОЖЕШЬ НАМ, МЫ ПРОПАЛИ

Если Ты не поможешь нам,
то все наши поступки будут только ради
собственной выгоды. [...]
Если Ты не поможешь нам, то все наши
действия будут только ради себя,
ради собственной пользы, ведь нет у нас
силы преодоления нашего желания получать.
Поэтому помоги нам,
чтобы мы могли работать ради Тебя.
Поэтому Ты обязан помочь нам.

И это называется «сделай ради Тебя»,
то есть чтобы Ты сделал это действие,
чтобы Ты дал нам силу желания отдавать.
Иначе, то есть «если нет» — мы пропали.

Это означает, что мы останемся
в желании получать ради собственной выгоды.

(СТАТЬЯ «ЧТО ОЗНАЧАЕТ, ЧТО ДОБРЫЕ ДЕЛА ПРАВЕДНИКОВ ЯВЛЯЮТСЯ ИХ ПОРОЖДЕНИЕМ, В ДУХОВНОЙ РАБОТЕ»)

ДАЙ НАМ ИЗ ТВОЕЙ СОКРОВИЩНИЦЫ

Дай нам сейчас кли,
то есть желание из Твоей сокровищницы. […]

Мы просим:
«И из сокровищницы бескорыстного дара» —
то есть из Твоей сокровищницы,
ведь у Тебя есть желание отдавать,
и Ты бескорыстно даешь это желание, —
дай нам, чтобы мы тоже могли работать
бескорыстно без получения вознаграждения.

(СТАТЬЯ «ЧТО ТАКОЕ ПОДАРОК, КОТОРЫЙ ЧЕЛОВЕК ПРОСИТ У ТВОРЦА»)

НЕ ОТДАЛЯЙСЯ ОТ НАС

Не отдаляйся от него,
дай нам понять, что это не отдаление,
а Ты делаешь это ради нашего блага,
чтобы мы знали, что все, что Ты делаешь —
все ради нашего блага.

(СТАТЬЯ «КАКОВА МЕРА ВОЗВРАЩЕНИЯ»)

СОВЕРШИ С НАМИ ЧУДО

Ты соверши с нами чудо,
чтобы мы смогли работать без всякого вознаграждения,
поскольку это выше знания.
И в любом случае у нас нет разума,
чтобы говорить Тебе,
каким образом Ты осуществишь это,
но выше нашего знания воздействуй на нас,
и мы хотим идти выше знания,
поскольку в знании человека это невозможно.

(СТАТЬЯ «ЧТО ТАКОЕ ЗНАМЕНА В ДУХОВНОЙ РАБОТЕ»)

ДАЙ НАМ ДАР

Дай нам в дар отдающие келим,
как Ты дал нам кли желания получать.

Мы просим Тебя, ведь мы чувствуем
необходимость в отдающих келим.

А что такое отдающие келим?
Чтобы мы могли работать бескорыстно
без всякого вознаграждения,
а вся наша работа будет только лишь на отдачу.

(СТАТЬЯ «ЧТО ТАКОЕ ПОДАРОК, КОТОРЫЙ ЧЕЛОВЕК ПРОСИТ У ТВОРЦА»)

ДАЙ НАМ ВОЗМОЖНОСТЬ

«Отец наш, Царь наш,
раскрой славу царства Твоего
на нас в скором времени».

Тогда у нас будет возможность
отменить наше желание получать.

(СТАТЬЯ «ЧТО ОЗНАЧАЕТ, ЧТО МАСЛО НАЗЫВАЕТСЯ ДОБРЫМИ ДЕЛАМИ,
В ДУХОВНОЙ РАБОТЕ»)

ДАЙ НАМ СИЛЫ МОЛИТЬСЯ ТЕБЕ

«Не высылай нас в момент старости, когда у нас будет мало сил, не бросай нас».

Не бросай нас посередине,
а дай нам силы терпения,
чтобы мы не убежали с поля боя,
и дай нам еще силы молиться Тебе,
чтобы Ты дал нам желание отдавать.

(СТАТЬЯ «ЧТО ОЗНАЧАЕТ БЛАГОСЛОВЕНИЕ И ПРОКЛЯТИЕ В ДУХОВНОЙ РАБОТЕ»)

РАСКРОЙ НАМ ВРАТА

Мы просим (в молитве «Неила»):
«Раскрой нам врата в момент закрытия врат».
[...]

Мы просим, чтобы Он раскрыл нам только
сейчас, в момент закрытия врат,
как будто бы только сейчас мы можем молиться,
тогда как до этого наших молитв было
недостаточно.

(СТАТЬЯ «ЧЕМ ОТЛИЧАЮТСЯ ВРАТА СЛЕЗ ОТ ВСЕХ ОСТАЛЬНЫХ ВОРОТ»)

ПОДНИМИ ШХИНУ ИЗ ПРАХА

Мы молимся,
чтобы Творец поднял Шхину из праха,
как сказано:
«Милосердный, Он поднимет для нас
падающий шатер Давида».

(СТАТЬЯ «ЧТО ОЗНАЧАЕТ: „ИБО В ЭТОМ ВАША МУДРОСТЬ И РАЗУМ В ГЛАЗАХ НАРОДОВ" В ДУХОВНОЙ РАБОТЕ»)

НИКТО НЕ ПОМОЖЕТ — ТОЛЬКО ТЫ

«Отец наш, Царь наш, нет у нас иного Царя».

Нет никакой возможности,
чтобы была у нас такая вера в Царя,
чтобы мы могли служить Ему в свойстве
«ради Творца, который велик и правит всем»,
а только Ты, то есть только Творец
может помочь нам.

(СТАТЬЯ «ЧТО ОЗНАЧАЕТ „НЕТ У НАС ЦАРЯ, КРОМЕ ТЕБЯ", В ДУХОВНОЙ РАБОТЕ»)

РАСКРОЙ НАМ СЛАВУ ТВОЮ

«Раскрой славу царства Твоего на нас», чтобы у нас были силы отменить себя, и чтобы мы могли работать только исходя из славы Царя.

(СТАТЬЯ «ЧТО ОЗНАЧАЕТ, ЧТО МАСЛО НАЗЫВАЕТСЯ ДОБРЫМИ ДЕЛАМИ, В ДУХОВНОЙ РАБОТЕ»)

СКОРО В НАШИ ДНИ

«И построй Иерусалим скоро в наши дни», чтобы это было славой для всего мира.

(СТАТЬЯ «ЧТО ОЗНАЧАЕТ „КАЖДЫЙ СКОРБЯЩИЙ О ИЕРУСАЛИМЕ УДОСТАИВАЕТСЯ И ВИДИТ ЕГО В РАДОСТИ" В ДУХОВНОЙ РАБОТЕ»)

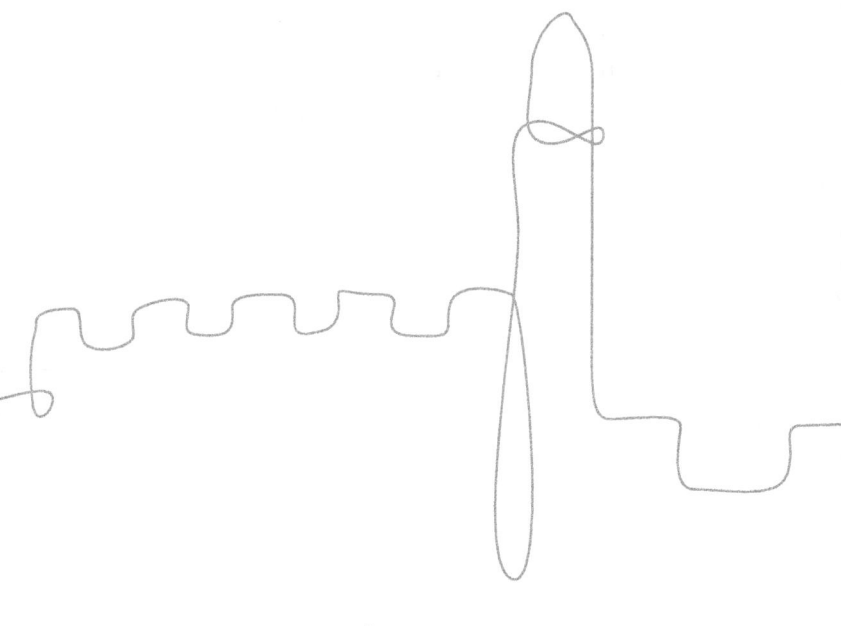

СДЕЛАЙ РАДИ ТЕБЯ, ЕСЛИ НЕ РАДИ НАС

Мы просим Творца дать нам желание отдавать,
чтобы быть в слиянии с Творцом.
Ведь мы со своей стороны не способны
преодолеть наше желание получать,
и усмирить его, чтобы оно отменило себя
и уступило бы место желанию отдачи,
которое бы властвовало над телом. […]

«Отец наш, Царь наш,
сделай ради Тебя, если не ради нас».

(СТАТЬЯ «ЧТО ОЗНАЧАЕТ, ЧТО ДОБРЫЕ ДЕЛА ПРАВЕДНИКОВ ЯВЛЯЮТСЯ
ИХ ПОРОЖДЕНИЕМ, В ДУХОВНОЙ РАБОТЕ»)

ТОЛЬКО ТЫ МОЖЕШЬ ДАТЬ НАМ ПОЧУВСТВОВАТЬ

«Отец наш, Царь наш,
нет у нас иного Царя, кроме Тебя».

Только Ты можешь дать нам почувствовать,
что у нас есть великий Царь,
и стоит работать ради Него,
чтобы доставлять Ему наслаждение.

(СТАТЬЯ «ЧТО ОЗНАЧАЕТ „НЕТ У НАС ЦАРЯ, КРОМЕ ТЕБЯ", В ДУХОВНОЙ РАБОТЕ»)

ДАЙ УВАЖЕНИЕ НАРОДУ СВОЕМУ

«Дай уважение народу Своему» — чтобы состояние отдачи пользовалось у нас уважением, а не презрением.

(СТАТЬЯ «И УВИДЕЛ ОН, ЧТО НЕ ОДОЛЕВАЕТ ЕГО»)

ВЕРНИ НАС, ОТЕЦ НАШ

Мы просим Творца,
и мы говорим и молимся:
«Верни нас, Отец наш».

(СТАТЬЯ «ЧЕЛОВЕК НЕ ПРИЧИСЛЯЕТ СЕБЯ К ГРЕШНИКАМ»)

ИЗБАВЛЕНИЕ

Нет у нас других молитв, кроме одной: поднять Шхину из праха, посредством чего придет избавление.

(СТАТЬЯ «СЛЫШИТ МОЛИТВУ»)

ВЫВЕДИ НАС ИЗ РАБСТВА НА СВОБОДУ

«Подними из праха бедняка»,
поскольку я беден и вкушаю вкус праха,
и я нищ и брошен в сор!
А все это из-за скрытия лика Творца,
которое пребывает в мире,
а потому просим Творца,
чтобы вывел нас из рабства на свободу.

(ПИСЬМО 23)

ЧАСТЬ 4

Я – ПЕРВЫЙ, И Я – ПОСЛЕДНИЙ

Я ДАЛ ТЕБЕ ЖЕЛАНИЕ МОЛИТЬСЯ

Когда человек идет молиться,
это происходит потому, что Я
дал ему мысль и желание идти молиться.

(СТАТЬЯ «НЕТ ОБЩИНЫ МЕНЬШЕ ДЕСЯТИ»)

Я ДАЛ ТЕБЕ НАПОЛНЕНИЕ НА ХИСАРОН

«Как Я был первый,
когда Я дал тебе этот хисарон,
так Я и последний.
То есть Я дал тебе наполнение на этот хисарон».

Ведь хисароном называется «кли»,
а наполнением называется «свет».

(СТАТЬЯ «Я — ПЕРВЫЙ, И Я — ПОСЛЕДНИЙ»)

Я ВСТУПИЛ В КОНТАКТ С ТОБОЙ

«Я — первый, и Я — последний».
То есть «Я вступил в контакт с тобой».

И от этого человек должен пробудиться.
Однако человек не заканчивает работу.
А как сказано: «Творец завершит за меня».

(СТАТЬЯ «ЧТО ОЗНАЧАЕТ, ЧТО БЛАГОДАРЯ ЕДИНЕНИЮ ТВОРЦА И ЕГО ШХИНЫ ИСКУПЯТСЯ ВСЕ ГРЕХИ, В ДУХОВНОЙ РАБОТЕ»)

ЧЕГО Я ХОЧУ ОТ ВАС

То, чего Я желаю от них, —
чтобы они почувствовали истину:
насколько они далеки от правды,
то есть от работы ради небес.

И тогда,
когда с их стороны будет такое требование:
что они неспособны работать лишма, — тогда
вы увидите, как Я дам вам эту силу работать
ради Творца. Но Я не требую от вас,
чтобы вы могли идти по пути истины,
Мне только нужно, чтобы у вас было кли
для получения высшего блага.

Поэтому,
когда вы начнете работать ради отдачи,
вы увидите, что неспособны на эту работу,
тогда Я дам вам то, что называется:
«из-за крепкой руки он отпустит их».

(СТАТЬЯ «ТРИ МОЛИТВЫ — 2»)

Я ЛЮБЛЮ ВАС

Когда народы мира,
что внутри вас властвуют над свойством
«Исраэль», что в вас,
а вы кричите Мне от всего сердца: «Спаси!»,
тогда Я люблю вас.
Ведь только тогда Я могу исполнить все,
что Я обещал праотцам
по поводу наследования земли,
потому что сейчас у вас уже есть келим,
чтобы получить Мое благословение,
то есть отдающие келим.

(СТАТЬЯ «ЧТО ОЗНАЧАЕТ: „И УВИДИШЬ МЕНЯ СЗАДИ, А ЛИК МОЙ НЕ БУДЕТ ВИДЕН"
В ДУХОВНОЙ РАБОТЕ»)

ОБУЧАЮЩАЯ ПЛАТФОРМА МЕЖДУНАРОДНОЙ АКАДЕМИИ КАББАЛЫ

 https://kabacademy.com

Миллионы учеников во всем мире изучают науку каббала. Выберите удобный для вас способ обучения на сайте.

Наша онлайн-платформа позволит вам пройти обучение у лучших преподавателей академии, изучая уникальные каббалистические источники, общаться в онлайн-сообществе, получить индивидуальное сопровождение помощника-тьютора.

ИНТЕРНЕТ-МАГАЗИН КАББАЛИСТИЧЕСКОЙ КНИГИ

 https://kabbalah.info/rus/books

Крупнейший международный интернет-магазин каббалистической литературы. Здесь представлен самый широкий и уникальный ассортимент научной, учебной и художественной литературы по каббале, включая каббалистические первоисточники.

Возможность заказать книгу из любой точки мира.

МЕЖДУНАРОДНАЯ АКАДЕМИЯ КАББАЛЫ

 https://kabbalah.info/rus

Сайт Международной академии каббалы — неограниченный источник получения достоверной информации о науке каббала.

Вы получаете доступ к уникальному контенту: библиотеке первоисточников, к широкому спектру передач и архиву лекций. Сайт дает возможность подключаться к прямой трансляции ежедневных уроков основателя и главы Международной академии каббалы Михаэля Лайтмана для всех, кто занимается углубленным изучением науки каббала и исследованием каббалистических первоисточников.

ИЗ ГЛУБИНЫ МОЕГО СЕРДЦА

Сборник молитв из трудов Рабаша

ISBN 978-965-7833-32-2

Подборка оригинальных отрывков:
Дуди Аарони и Инбаль Гвили.
Подбор переводов цитат: Наталия Булкин.
Перевод предисловия: Илана Гринберг.
Дизайн: Studio Perry.
Верстка: Константин Рудешко.
Корректура: Марина Бухарова.
Подготовка к печати: Йосеф Левинский.
Выпускающий редактор: Светлана Добродуб.

© 2025 by Bnei Baruch – Kabbalah La'am Association.
4934826, HaRabash St 12, Petah Tikva, Israel.
All rights reserved.

www.ingramcontent.com/pod-product-compliance
Lightning Source LLC
LaVergne TN
LVHW010554070526
838199LV00063BA/4965